L'Abbé Léon MORANCÉ

AUMONIER DU SERVICE DES ARMÉES EN CAMPAGNE

ATTACHÉ, EN CAS DE MOBILISATION, AU QUARTIER GÉNÉRAL
DU 4ᵉ CORPS

AU RÉGIMENT

QUELQUES PAROLES

ADRESSÉES A DES CONSCRITS

A l'occasion d'une Messe de départ

LE MANS
IMPRIMERIE CH. BLANCHET, RUE GAMBETTA, 6

1892

AU RÉGIMENT

L'Abbé Léon MORANCÉ

AUMONIER DU SERVICE DES ARMÉES EN CAMPAGNE

ATTACHÉ, EN CAS DE MOBILISATION, AU QUARTIER GÉNÉRAL DU 4ᵉ CORPS

AU RÉGIMENT

QUELQUES PAROLES

ADRESSÉES A DES CONSCRITS

A l'occasion d'une Messe de départ

LE MANS

IMPRIMERIE CH. BLANCHET, RUE GAMBETTA, 6

1892

Novembre 1892.

Mes Frères,

Vous vous demandez peut-être pourquoi je vous ai invités à cette messe si poétiquement appelée messe du départ.

Je vais vous le dire en un mot.

Comme moi, vous savez par quelles phases a passé dans notre pays la loi militaire. Vous savez qu'après avoir été d'abord la loi de tous, dans les temps reculés, chaque homme ayant le droit de défendre et de conserver le sol, plus tard, après les progrès de la civilisation, les devoirs militaires s'étaient restreints ; ils pesaient sur une portion spéciale de la société, sur une classe à laquelle on avait accordé quelques privilèges, à la condition qu'elle acquitterait pour tous la dette du sang.

Mais le mouvement des temps a amené de nouvelles circonstances, et pour ne demeurer que dans notre pays, ces circonstances sont des plus douloureuses. Voilà vingt ans que nous portons devant le monde ce titre, que je ne puis m'empêcher de trouver odieux, ce titre de peuple vaincu. Peut-être ai-je trop d'orgueil, peut-être ai-je trop le sentiment, la fibre de l'honneur militaire ; mais il me semble qu'entre nous Français, nous pouvons bien nous dire qu'il nous tarde de voir effacer cette épithète qui ne nous convient pas. Nous sommes un peuple vainqueur et nous ne pouvons pas nous résigner à être toujours un peuple vaincu. L'Europe le pense comme nous. Regardez au cœur de l'ennemi. Pourquoi quand il a eu fini de piétiner notre sol, pourquoi, en sa passion inintelligente, a-t-il mutilé la patrie française? Pourquoi a-t-il créé cette cause inévitable de batailles pour demain? C'est qu'il avait peur de nous ; c'est qu'après avoir vu des enfants à peine formés tenir devant ses innombrables régiments avec une bravoure qui leur arrachait des cris d'admiration, il repassait le Rhin, inquiet, croyant à notre fortune au moins autant qu'à la sienne. Et, quand je dis cela, je ne dis que ce qui est. Considérez donc sa politique, depuis lors. Que fait-il? Pour garder ce qu'il a pris, il passe sa vie à aller de peuple en peuple, en mendiant, ce vainqueur d'hier, en mendiant des alliances ! Il lui en faut, à droite et à gauche ; il lui en faut à tout prix. S'il l'avait pu, il eût reconstitué contre nous la Sainte-Alliance comme après 1815. Pourquoi la triple et peut-être la quadruple alliance ? Eh ! mon Dieu, nous pouvons bien, nous, affirmer hautement, devant cette jeunesse qui a besoin de savoir ce qu'on pense d'elle à l'ennemi, que tout cela s'est fait parce qu'on avait peur des lendemains. Ils se disent, les Allemands : Il y a une telle sève en cette race, il y a un ferment de vie et de courage si étrange, il y a une passion patriotique si vibrante à certains moments !... quand tout cela va éclater, que deviendrons-nous ? Quoi qu'il en soit, c'est de ce besoin, de cet instinct de ménager, pour un jour, pour une heure que nous ne connaissons pas, des forces considérables, que l'on a édicté, en faveur de l'armée, en faveur de son recrutement, des lois multiples ; c'est à cette fin que l'on fait peser sur les troupes et même sur leurs chefs des responsabilités et des devoirs si multipliés. On veut, dans un sentiment louable, dans un sentiment généreux, qu'au moment venu, la victoire soit de nouveau obligée de suivre ces drapeaux, qu'autrefois elle connaissait si bien, et que pour un jour elle a abandonnés.

Voilà pourquoi l'armée est devenue non seulement l'armée nationale parce qu'elle doit défendre le pays, mais l'armée universelle..., et pourquoi elle a pris, à notre époque, dans notre temps d'émulation, une valeur si grande. Un général disait naguère, avant de nous vaincre : « Avec le service obligatoire, les Français referaient la conquête de l'Europe. »

J'ajouterai, moi : « *Et avec l'aide de Dieu !* » Dieu, en effet, qui a créé les hommes et les familles, crée aussi les nations ; il leur prépare leurs destinées et il tient leur sort dans ses mains souveraines et toutes puissantes. Il est le Dieu des armées, il en reste le maître malgré des inventions merveilleuses, malgré le nombre et la valeur des soldats, malgré la science des capitaines et les inspirations du génie de la guerre. De quoi dépendent presque toujours la victoire ou la défaite, et avec elles l'avenir de tout un peuple ? D'un ordre arrêté par la mort, d'un oubli que rien ne peut réparer, d'une flèche ou d'une balle égarées qui frappent des chefs, de la terreur qui saisit quelques-uns des combattants et entraîne toute une armée.

L'événement le plus obscur, le plus imprévu, arrête les plus heureux conquérants, comme le grain de sable contre lequel viennent se briser les flots de l'océan.

Je ne suis pas le naïf et légendaire admirateur des vertus romaines. Mais il est un point où la Rome antique surpasse manifestement tous les peuples qu'elle est appelée à vaincre ; Rome fut la plus religieuse des nations.

En posant cette loi providentielle de l'histoire, que tous les peuples passeraient sous le joug des Romains, afin d'offrir à l'Évangile un monde sans frontières, Dieu ne s'est point départi de la loi plus haute et plus vaste encore, établie par lui dès l'origine ; c'est que le ressort de la nationalité des peuples serait en raison directe de la force de leur caractère et de leur tempérament religieux.

Voilà pourquoi il plaça près du berceau de Rome ce prêtre étrusque qui fut le second de ses rois, figure sacerdotale qu'aucune autre n'égale dans toute l'antiquité païenne. Rome vit si bien dans sa religion le principe de ses victoires et le secret de cette puissance nationale qui débordait sur tout, qu'aucun Romain n'en douta jamais.

Horace qui ne croyait plus, *déserteur des autels,* comme il le dit lui-même, *le moins crédule enfant de ce siècle sans foi,* Horace ne se méprenait pas sur la cause de la grandeur de son peuple ; son génie était plus fort que son impiété. « C'est parce que tu te crois moindre que les dieux, ô Romain, que tu commandes au monde. »

Diis te minorem quod geris imperas.

Tout ton passé est là aussi, ô ma France, rapporte là ton avenir.

Hinc omne principium, huc refer exitum.

. . . .

. . . .

C'est donc en vue de ces heures douloureuses qui peuvent venir, qui viendront fatalement, que j'ai établi cette messe du départ, destinée à appeler sur nos soldats de demain les bénédictions d'En-Haut et je vous y ai tous convoqués afin que nous priions ensemble, chrétiens de tout âge et de toute condition, Celui qui est la Vérité et la force.

Veritas..... fortitudo gentium.
Celui dont la parole aux clartés infinies nous a faits jadis si grands, Celui qui fut longtemps adoré, aimé, vénéré par nous et dont on disait : Vive le Christ qui aime les Francs !

. . . .

Je vous devais, mes frères, ces quelques paroles sur le service universel obligatoire, sur *l'impôt du sang que tout Français doit à la France.*

A vous maintenant, mes frères d'armes, — aumônier militaire, je vous demande la permission de vous appeler de ce nom qui m'honore, — à vous d'apprendre :

Ce que c'est qu'un soldat ;

*Quelle est la dignité, quels sont les devoirs du
soldat.*

LE SOLDAT

En naissant Français, vous avez contracté l'obliga-
tion d'aimer et de servir la France, de devenir ses soldats, c'est-à-dire des victimes honorables, dévouées
à la sûreté publique, à la sauvegarde nationale.

L'heure est venue de ratifier cet engagement.

La Patrie vient à vous, qui vous arrache aux
bras de vos mères et vous sépare des cœurs dont
l'amour, jusque-là, s'est ingénié pour vous éviter
toute peine. Elle vient à vous et elle vous dit ces
mots austères et graves : « Désormais et pendant
vingt-cinq longues années, tu m'appartiendras tout
entier ; j'aurai droit sur toi, j'aurai droit sur tes
biens : un jour, si je te parle, il faudra les sacrifier.
J'aurai droit sur tes travaux, sur tes passions intel-
lectuelles ou artistiques les plus hautes : si je me
lève devant toi un matin, tu quitteras tout cela.
J'aurai droit sur tes plaisirs, j'aurai droit sur ta vie
même : à la minute où je te parlerai, tu ne t'appartiendras plus. Tu es ma chose, entends-le bien, et
cela jusqu'à la mort inclusivement. »

Je trouve que rien ne saurait être plus heureux
pour vous que cet appel de la Patrie et je salue la
Providence de Dieu qui met de telles choses sous
votre regard à l'heure où l'âme est pleine de frémis-
sements et où elle peut s'en aller à la gloire comme
à la misère.

Mais, vous le voyez tout de suite, le métier militaire n'est pas un métier de roses. La vie du soldat, écrivait naguère un aumônier de garnison, se compose de travail, **de dépendance et de dévouement**; c'est une vie pleine de sacrifices, et plus ces sacrifices sont considérables, plus ils paraissent nécessaires, et mieux ils doivent être consentis. Il vous faudra subir le froid, les privations, les longues marches; il vous faudra accepter de grand cœur toutes les macérations et tous les dangers de la guerre, de la vie de caserne ou des camps, les abstinences de tout genre, les souffrances de toute espèce. Oserai-je vous le déclarer : la guerre moderne ne vous offrira plus, aussi souvent que par le passé, de ces luttes corps à corps, où le plus hardi trouve son jour de gloire, son heure d'héroïsme. Il vous sera parfois difficile d'atteindre un ennemi invisible, et alors vous aurez à lutter, non contre des hommes, mais contre du fer, à voir la mort partout sans troubler jamais : une âme de soldat devant être maîtresse du corps qu'elle anime. Observez, jeunes gens, que le métier de la guerre ne tend nullement à dégrader, — comme le prétendent les « *Sans-patrie* », — à rendre méchant ou dur celui qui l'exerce; au contraire, il tend à l'ennoblir, à le perfectionner, en combattant l'égoïsme, en brisant les liens étroits de l'individualité. Les vices ne sont pas dans les casernes ou dans les camps : on les y porte. Car, le régiment est une école où l'on apprend à obéir, à se commander soi-même, à se décider, à agir, à se dévouer, à aimer l'ordre et à le faire respecter.

Voilà, ou je ne m'y connais pas, une profession noble essentiellement, brillante même, puisqu'elle doit ajouter à vos mérites et aux gloires de la Patrie, et en quelque sorte divine.

Divine! Parfaitement. Ne lisons-nous pas, dans l'Écriture, que Dieu se fait surnommer le Dieu des armées et que le soldat a toujours été pour son Christ, un fils, un frère de douce prédilection. C'est d'un soldat que Jésus a dit : Je n'ai jamais vu tant de foi en Israël. » C'est un soldat qui s'est écrié, au Calvaire : « Cet homme est vraiment le Fils de Dieu. » Et le premier païen converti par le prince des apôtres fut encore un soldat.

Je vous ferai remarquer encore — et ceci est d'une importance majeure — que si la discipline, l'obéissance, le patriotisme font l'âme du soldat, l'uniforme marque son corps d'un caractère public et sacré, et la preuve, c'est que demain votre uniforme ne laissera personne indifférent alors qu'aujourd'hui votre habit civil passe inaperçu. En notre pays qui sent, mieux que tout autre, le charme exquis des grandes choses, on aime le soldat, et ce qui le touche trouve toujours un écho dans un cœur français.

J'habitais, dans mon jeune âge, une ville qui, par suite de sa situation géographique, voyait de nombreux passages de troupes. Dans la saison des changements de garnison, ces passages étaient presque journaliers : la jeunesse du lieu ne se lassait point cependant d'aller sur la route, en dehors des portes de la ville, attendre le bataillon ou les escadrons qui venaient y prendre gîte pour quelques heures, parfois pour un jour. C'était une vraie joie pour nous tous, quand la colonne avait une musique, de l'accompagner en marchant au pas, sur les trottoirs, tout le long de la grande rue jusque sur la place où la troupe venait se former en bataille pour la distribution des billets de logement. Puis, quand les rangs étaient rompus et que les escouades dispersées erraient dans les rues, cherchant leurs gîtes, on était heureux de pouvoir renseigner les soldats fatigués, pour leur épargner un surcroît de lassitude. Un jour, un fantassin, qui se rendait chez mes parents, dans un quartier éloigné du centre de la ville, voulut bien, avant d'arriver à la maison, me prêter son fusil. Quel honneur et comme j'étais heureux ! Je me tenais droit comme le tambour-major.

Des années ont passé sur ma tête, les événements ont succédé aux événements et j'ai vu le naufrage de bien des espérances. Chez moi tout a vieilli…, tout, excepté mon culte pour l'armée, et aujourd'hui, soldats, je suis fier d'en parler devant vous avec cette espèce de religion passionnée qu'elle inspire à tous ceux qui ont eu l'honneur de porter l'uniforme.

Tenez, quand, le 14 juillet dernier, au Bois de Boulogne, au milieu d'une foule émue, je contemplais nos régiments, nos escadrons et nos batteries qui couvraient de figures linéaires exactes, mais animées et colorées, le vaste hippodrome de Longchamps, j'étais ravi, touché, assailli par une multitude d'impressions confuses et profondes. Ah! c'est quelque chose d'admirable qu'une armée! Songez donc! Tant de cœurs réunis dans une seule pensée! Une telle force et si bien contenue! Un si bel ordre! Un organisme si parfaitement combiné pour produire du courage avec de l'obéissance! Quoi de plus beau, dirai-je, avec un remarquable écrivain? Des hommes très simples assemblés pour former quelque chose de très grand! L'aspect d'une armée est joyeux et fier. Que le soleil se montre, et voilà les uniformes et les drapeaux qui brillent comme des fleurs des champs, les fusils, les sabres qui lancent des éclairs, les cuirasses qui enveloppent d'un vêtement de lumière la poitrine des braves. Tout luit, rayonne, s'embrase, c'est d'une incomparable splendeur.

Telle est l'armée, telle est la dignité militaire, tel est le soldat.

En ces jours où l'ambition et l'orgueil semblent vouloir dominer le monde, ne trouvez-vous pas plus belle cette expression : *le service militaire.*

On demande à un père où est son fils, il répond : il est au *service.*

Tout le monde aura compris : il est au service de la Patrie!

Et s'il est dit de Dieu : *Cui servire regnare est,* le servir, c'est régner, — encore une fois, servir sa Patrie, c'est servir avec honneur une mère bien-aimée,

Pères, qui m'écoutez avec une si cordiale atten-
tion, soyez donc fermes à l'heure du départ, et
après avoir béni, au nom de Dieu, celui qui s'éloi-
gne et lui avoir dit que vous voulez qu'il demeure, au régiment, digne de vous, prenez dans vos
bras votre plus jeune enfant qui s'amuse de si leste
façon avec son fusil de bois, et dites-lui : Un jour,
toi aussi, tu feras, pour tout de bon, ce dur métier
des armes :

> Tu seras soldat, cher petit !
> Tu sais, mon enfant, si je t'aime !
> Mais ton père t'en avertit,
> C'est lui qui t'armera lui—même.
>
> Quand le tambour battra demain,
> Que ton âme soit aguerrie ;
> Car j'irai t'offrir de ma main,
> A notre mère, la Patrie !
>
> Tu vis dans toutes les douceurs,
> Tu connais les amours sincères,
> Tu chéris tendrement tes sœurs,
> Ton père, et ta mère, et tes frères !
>
> Sois fils et frère jusqu'au bout ;
> Sois ma joie et mon espérance ;
> Mais souviens-toi bien qu'avant tout,
> Mon fils, il faut aimer la France !

Et vous mères, qui me regardez au travers de vos
larmes, mères trop faibles dans vos tendresses,
ayez l'âme haute et le cœur plus français.

Ah! que de vrais soldats les mères nous ont pris!

a dit un grand poëte qui est en même temps un
grand patriote (1).

(1) Paul Déroulède.

Il a le droit de parler, lui, le fils de cette noble
femme

Qui mena vaillamment ses deux fils au combat.

Pour vous, mères, cet épilogue de ses « *Chants
du soldat* » :

Femme, si l'être en qui tu mets ton espérance
Ne met son espérance et son bonheur qu'en toi :
Si, Français, il peut vivre étranger à la France,
Ne connaissant partout que son amour pour toi :
Si sans te croire indigne et sans se croire infâme,
Quand tout son pays s'arme, il n'accourt pas s'armer,
O femme, ta tendresse a déformé cette âme,
S'il ne sait pas mourir, tu ne sais pas aimer!

Mère, si ton enfant grandit sans être un homme,
S'il marche efféminé vers son devoir viril;
Si, d'un instinct pratique et d'un sang économe,
Sa chair épouvantée à l'horreur du péril,
Si, quand viendra le jour que notre honneur réclame,
Il n'est pas là, soldat, marchant sans maugréer,
O mère! ta tendresse a mal formé cette âme,
S'il ne sait pas mourir, tu n'as pas su créer.

On raconte qu'à Sedan une femme du peuple,
chassée de sa maison par l'ennemi, se défendit jusqu'au dernier instant avec les chenets de son foyer.
Elle fut prise, ces armes à la main, et traduite
devant un conseil de guerre. Trois petits enfants
étaient suspendus à sa robe. Elle se tenait fièrement debout, dans sa triple majesté de femme, de
mère et de chrétienne. On lui cria : « Française, à
genoux! » Mais elle répondit, toujours fière : « Une
Française ne se met à genoux que devant Dieu. »

Le jour où les femmes mettront ce cri dans leurs
caresses, dans leurs mœurs, dans leur attitude,
nous serons sauvés.

A genoux ! vous y êtes, à cette heure et devant Dieu aussi, mères, et je vois à vos côtés ce que vous avez de plus cher au monde ; eh bien ! votre prière, à mon avis, n'en serait pas une, si, en vous relevant, vous ne vous montriez plus grandes, plus généreuses, plus Françaises !

DEVOIRS DU SOLDAT

I. — La Patrie. — Amour de la Patrie

Tout d'abord qu'est-ce donc que la Patrie et quelle place tient-elle dans l'humanité ?

Que signifie ce mot vraiment magique qui éveille dans les âmes élevées et dans les cœurs bien faits, des échos à la fois si sonores et si doux ? Que voulons-nous exprimer, alors que remués profondément, le sourire aux lèvres, nous disons comme l'enfant en nommant sa mère : *Ma Patrie !* Dans un de ses discours épiscopaux, Mgr Darboy a peint en une page éloquente, des plus chaudes qui soient sorties de son cœur, les souvenirs de son pays et de ses premières années. « Voici la Patrie ! Cette maison où votre âme s'est épanouie sous les regards attendris d'un père et que vous retrouverez, après un demi-siècle, tout embaumée encore des parfums des baisers maternels ; ces chemins que vos premiers pas ont foulés si souvent et si gaiement ; ces campagnes où le ciel et le soleil avaient pour vous des sourires qu'ils vous ont refusés partout ailleurs sur un sol étranger ; ces horizons connus, ces eaux courantes et ces bois, tous ces chers objets que vous avez naïvement associés aux plus vives impressions de votre jeunesse, en y deversant, pour ainsi dire, le trop-plein de cette sensibilité dont le cœur surabonde à vingt ans ; ce coin de terre que vous ne pouvez revoir sans trouble et sans charme, et où se montre je ne sais quel nuage mélancolique, d'un bonheur d'autant plus regretté qu'il a fui pour jamais : oui, c'est la Patrie. La Patrie, c'est aussi cette église où, par le baptême vous êtes devenu citoyen du ciel, où jeune enfant de douze ans, gardé par votre mère et votre sœur, deux anges gardiens qui vous soutenaient de leur innocence et de leurs prières, vous êtes allé vous agenouiller à la table sainte, pour recevoir la visite de Jésus-Christ et pour rattacher votre vie à l'autel, au milieu des larmes les plus douces et des émotions les plus durables ; cette église où peut-être la mort, déchirant votre cœur, vous a conduit tristement, et où, votre pensée s'élevant vers Celui qui règne sur la vie et sur la mort, vous parliez à Dieu de vos parents et lui demandiez pour eux une place au ciel, et pour vous le bonheur de les y retrouver un jour ; cette église, autour de laquelle dort la cendre à peine refroidie de vos aïeux, suivis et gardés dans leur tombe par la piétié de vos souvenirs, en attendant que vous les rejoigniez à ce funèbre rendez-vous : oui, cette église, c'est la Patrie ! La Patrie, c'est encore cette figure mystérieuse qui vous apparaissait quand vous lisiez les

annales de la France, et qui, de son regard tour à
tour triste et fier, selon la page que vous aviez sous
les yeux, allumait dans votre âme la plus généreuse
ardeur et vous faisait ressentir, avec une étrange
énergie, le poids de ses revers et l'orgueil de ses
triomphes.

Comme vous palpitiez d'une émotion douloureuse,
lorsque le drapeau du pays, engagé dans quelque
bataille, semblait fléchir et s'incliner sous la fortune adverse! Quelle joie, lorsque, soutenu par
de vaillantes mains et flottant seul au-dessus du
théâtre de l'action, il chassait devant lui les ennemis vaincus et donna·t à la journée sanglante un de
ces noms fameux qui peuplent nos fastes militaires
et ne seront jamais oubliés tant qu'il y aura des
hommes. »

Or, ce que doit être et ce que doit faire le soldat,
par rapport à la Patrie, peut s'exprimer par ces
trois mots :

Aimer, respecter, servir la Patrie et tout ce qui
est de la Patrie.

Ce qu'il faut, avant tout, pour constituer un vrai
patriotisme, c'est un amour sincère, un amour
saintement passionné de la Patrie et de tout ce qui
touche à la Patrie. Oui, il faut que le cœur soit
attaché au cœur de la Patrie, comme le cœur d'un
enfant au cœur d'une mère; car, dans un sens
vrai, la Patrie est une mère, et la langue popu-
laire a consacré cette appellation : *les enfants de la
Patrie.*

Et cet amour profond crée le dévouement effi-

cace envers la Patrie, ouvre le cœur aux plus généreuses inspirations, exalte les âmes par les sentiments les plus magnanimes et, quelquefois,
élève l'homme jusqu'à l'oubli total de lui-même :
il n'y a aucun sacrifice, aucune douleur, aucun
danger qu'il veuille décliner quand elle l'appelle,
nullus est casus pro Patria non referendus...

C'est alors qu'on peut entendre sortir des cœurs
vraiment dévoués ce cri qui atteste l'amour de la
Patrie poussé jusqu'à l'héroïsme : « *Mourir pour
la Patrie,* » cri généreux et vraiment patriotique,
dit le R. P. Félix, dont je résume ici une fort
belle conférence sur le Patriotisme, quand il n'est
pas la clameur banale de l'émeute courant à la ré-
volte, le cri de la haine aspirant à détruire, au
lieu d'être le cri de l'amour aspirant à sauver.

Mais si j'aime d'un amour profond cette mère
que je nomme ma Patrie, je puise dans cet amour
même un respect religieux pour tout ce qui, sous
une forme ou sous une autre, constitue la majesté
de la Patrie et je m'incline avec un indicible bonheur devant toutes les grandeurs, toutes les supé-
riorités, toutes les gloires qui forment sur sa tête
un diadème d'honneur et une couronne de vénéra-
bilité : je respecte toutes ses grandes et longues
traditions ; je respecte toutes ses grandes et salu-
taires institutions ; je respecte ses grands hommes
et ses grandes illustrations ; je respecte sa foi, son
culte, sa religion ; je respecte, avec son antiquité,
toutes les choses anciennes qui ont illustré son
berceau, et qui sont, au front d'une Patrie sécu-

laire, ce que sont les cheveux blancs et les sillons du temps à une belle tête de vieillard.

Oui, moi, fils de la noble et grande France, je fais du respect et de la vénération de cette mère auguste, la meilleure part de mon amour ; je mets mon Patriotisme à respecter moi-même et à faire respecter par les autres, toutes ses grandeurs et toutes ses gloires ; je suis patriotiquement fier et saintement jaloux de sauvegarder, autant que je le puis, tout ce qui l'honore, tout ce qui l'embellit, tout ce qui la célèbre, tout ce qui l'illustre dans son passé comme dans son présent.

Pour que le Patriotisme soit complet et surtout pour qu'il soit efficace, avec un amour sincère qui nous attache au cœur de la Patrie, avec un respect religieux qui nous incline devant les grandeurs de la Patrie, un troisième élément est nécessaire : le service de la Patrie.

Il y a une chose qui perd les Patries, même les plus illustres, cette chose se nomme la faiblesse ou la lâcheté ! Les faiblesses ne sauvent rien et perdent tout et les lâchetés perdent et déshonorent tout à la fois. Au contraire, il y a une chose qui peut sauver même dans les crises les plus redoutables, les Patries les plus menacées. Cette chose qui constitue le service patriotique dans le vrai sens de ce mot, se nomme la force et l'énergie ; non pas, remarquez-le bien, l'énergie du corps, la force des bras, mais l'énergie de l'âme, la force de la volonté, c'est-à-dire la *virilité*... Cette virilité qui, au forum comme au champ de bataille, fait les vrais courageux et les vrais magnanimes, les hommes capables de mettre au service de la Patrie un grand cœur et une volonté résolue : « *corde magno et animo volenti.* » Il y a, je le sais, à l'heure actuelle. — tant les plus nobles choses ont été diminuées — il y a comme un vent de cosmopolisme qui passe, qui entend supprimer les frontières, et on dit fièrement : voilà le progrès. Si en regardant jusqu'au fond des cœurs de ces cosmopolites — c'est la réflexion d'un éloquent religieux — j'y trouvais ce que je trouve au cœur du Christ, le seul qui ait suffi à animer la race humaine tout entière, si je trouvais qu'ils abaissent les frontières parce qu'ils « aiment trop (1) », oh ! alors je m'inclinerais et je dirais : Laissez passer ; c'est la vertu de Dieu. Mais regardez : pourquoi abaissent-ils les frontières ? c'est que leur cœur, écrasé sur lui-même et ne pouvant plus porter l'idée sainte de la Patrie, s'est laissé envahir par des égoïsmes formidables ; et ils rêvent le bouleversement général afin que ces égoïsmes aient enfin leur pâture pleine. Eh bien ! ces cosmopolites-là, je n'en veux pas ; je les arrête et je leur dis : Vous oubliez de quel sang vous êtes. Non, non, l'idée de la Patrie est une idée sainte entre toutes ; l'idée du sol qu'il faut maintenir en son intégrité est une idée qui sauve tant de choses, qu'il faudrait la garder à deux genoux comme jadis les Hébreux gardaient l'arche sainte. Un peuple qui cesserait de comprendre cela cesserait de vivre.

(1) Saint-Paul aux Ephésiens, 2 — 4.

II. — Le Drapeau

Le général russe Dragomirof, dans son *Manuel de la préparation des troupes au combat*, écrit « que la première idée à inculquer au soldat c'est qu'il doit être bien décidé à se faire tuer, si cela est nécessaire, pour le salut de tous et pour l'honneur du drapeau. » Le drapeau ! avez-vous lu, jeunes gens, la définition donnée de ce mot dans le dictionnaire de l'Académie ? La voici. « Pièce d'étoffe qu'on « attache à une sorte de lance, de manière qu'elle « puisse se développer et flotter, et qui sert à donner un signal, à indiquer un point de ralliement, « à distinguer la nation qui l'arbore. »

Le drapeau n'est-il donc que cela ? Lorsqu'il flotte au vent, en temps de paix, notre cœur tressaille ; au jour des combats, il le lève, on se lève avec lui ; il marche, on le suit ; il s'agite dans la mêlée, on l'entoure, on le défend au péril de sa vie. Les sabres, les balles et la mitraille se disputent ses lambeaux. Ce n'est plus qu'une guenille, et devant cette guenille abreuvée de gloire, les tambours battent aux champs, les soldats portent les armes : Debout, citoyens, voilà la France qui passe ! Vive la France !

Ah ! c'est que notre drapeau est un symbole sacré, et sous ses plis, c'est la Patrie tout entière que j'entrevois. Son histoire militaire et morale est celle de l'armée ou plutôt de la France elle-même. Lorsqu'en 1760 les soldats du régiment d'Auvergne se ralliaient à Clostercamp autour de leur drapeau violet et noir à croix blanche ; lorsqu'en 1796 la

32ᵉ demi-brigade jurait sur ses drapeaux tricolores de mourir plutôt que d'abondonner à l'ennemi la redoute de Montelegino ; lorsqu'en 1806 l'infanterie de Davout élevait fièrement dans les rues de Berlin ses aigles impériales ; lorsque les soldats de 1830 faisaient flotter le drapeau blanc aux fleurs de lis d'or sur les remparts d'Alger ; que sur la brèche de Constantine, en 1837, les zouaves de Lamoricière arboraient le coq gaulois ; qu'en 1854 le fanion aux trois couleurs restait inébranlable sur le sommet du bastion de Malakof, c'était toujours le drapeau de la France, c'est-à-dire, pour le soldat, le symbole du dévouement, de l'honneur et du devoir. Eh bien ! ce drapeau, la France vous en confie aujourd'hui la garde, jeunes gens, et en vous le donnant, c'est son honneur, c'est son cœur qu'elle vous donne.

Cela est si vrai, que dans nos fêtes nationales le drapeau est le plus bel ornement qui pavoise nos maisons et qui flotte sur nos monuments publics.

La Patrie alors est dans la joie.

Et lorsque vous rendez les derniers honneurs à l'un de vos chefs, vous environnez le char funèbre du drapeau de la France.

C'est la Patrie qui pleure un de ses enfants.

J'ai nommé Lamoricière ? Son histoire est celle du drapeau, qui a connu toutes les gloires et toutes les infortunes. Ecoutez cette page de nos guerres d'Afrique. Le brave colonel Combes précipité de la brèche de Constantine, 15 octobre 1837, était venu, blessé mortellement, tomber aux pieds de M. le duc de Nemours. « Monseigneur, mon devoir m'ordonne « de vous dire que la brèche est impraticable. » Et cela dit, il meurt. Le maréchal Vallée, c'est lui-même qui l'a raconté, était dans une affreuse perplexité. Il faut, dit-il alors à Lamoricière, enlever la brèche, praticable ou non, à tout prix. Lamoricière se lance à l'assaut à sept heures du matin, jetant à sa colonne ce mâle commandement : « Mes zouaves, « à vous ! debout ! au trop ! marche ! » et renversant tout sur son passage, il arrive le premier sur la brèche. On le vit là un instant, tel que le peintre immortel de nos guerriers d'Afrique en a tracé pour l'avenir un tableau, que nul n'a le droit de refaire, avec ce regard de feu qui promet la victoire, le fez rouge sur la tête, le burnous bleu sur les épaules, debout au haut du rempart conquis, trente secondes avant qu'une mine cachée, sautant sous ses pas, le lance en l'air, et l'ensevelisse sous les décombres du rempart écroulé. Quand on le ramassa noirci, brûlé, les chefs de l'armée, par une inspiration toute française, voulurent qu'à l'ambulance on jetât sur son lit de camp, pour couverture, le *drapeau* de Constantine.

C'est aussi le *drapeau* qui enveloppa le cercueil de Courbet, mort dans l'Extrême-Orient, à bord du vaisseau qui porte le nom du chevalier sans peur et sans reproche.

Permettez-moi un souvenir à propos de l'illustre marin.

C'était le 30 août 1884, à Paris.

Je me promenais sur le boulevard quand j'en-

tendis crier à mes oreilles déshabituées : « Victoire
« de l'amiral Courbet ! » Des esprits chagrins di-
saient bien : « Ce ne sont que des Chinois... Cette
« guerre n'a pas le sens commun... Elle coûtera
« gros et ne rapportera rien. » C'est égal, le mot
de victoire est un beau mot, et quand ce mot fait sa
rentrée dans le dictionnaire français, il n'y a pas de
considération au monde qui puisse empêcher nos
cœurs de battre un peu plus fort, nos poitrines de
respirer plus librement ; ce jour-là, le boulevard
me parut moins vide, le ciel moins gris, pendant
que le débitant de gazettes annonçait la « Victoire
de l'amiral Courbet ! » *Le drapeau français* vainqueur à Kélung et à Fou-Tchéou !

Jeunes gens, une victoire, fût-ce en Chine, c'est
comme si l'on rendait une bouffée d'air natal à nos
poumons.

A l'heure où je parle, dans un pays inconnu, sau-
vage, au Dahomey, nos soldats luttent, un contre
dix, avec des peuplades aguerries, braves, d'une
bravoure faite de désespoir et de fanatisme, armées
d'excellents fusils et de canons allemands et que
favorisent le climat et le sol. Et vous savez ce qui
se passe, là-bas ! Cette petite colonne, conduite avec
sagesse, par un chef habile et valeureux, c'est vraiment la *grande armée* et ses bulletins qui sont la
voix de la Patrie, triomphants comme ceux de
Bonaparte, nous baptisent, eux aussi, dans la gloire.

Comme il est fièrement porté, au bout du monde,
ce *morceau d'étoffe* teint aux couleurs nationales et
qui s'appelle le drapeau de la France !

Et comme elle est vraie, cette parole du capitaine Roulland — un des officiers de la colonne — aux tirailleurs sénégalais succombant sous le nombre : « Amis, courage ! n'oubliez pas que la France a les yeux sur vous ! »

Oui, soldats, la France a les yeux sur vous et « elle n'aura pas tort de vous tresser des couronnes (1) ». L'Église non plus, car cette Patrie des âmes prendra sa part des victoires de la Patrie française. La croix suivra le drapeau et le sang de Jésus-Christ se mêlera bientôt, dans le continent noir, au sang de nos braves.

C'est une idée, sachez-le bien, qui nous a menés, à travers les marais et la brousse, au cœur du Dahomey, c'est l'idée que la France catholique, quand elle pouvait l'empêcher au prix de quelques efforts, ne pouvait tolérer davantage, à proximité de son drapeau, les monstruosités sanguinaires d'une infâme barbarie. La chute de Kana c'est la fin de l'esclavage et des sacrifices humains dans cette partie de l'Afrique et, à côté de l'influence militaire reconquise, c'est une grande victoire humanitaire et religieuse que le général Dodds vient de remporter. Voilà quelles préoccupations morales nous distinguent toujours des marchands d'Angleterre et des trafiquants d'Allemagne. Parlant de la France, un grand écrivain, Louis Veuillot, disait : « Nul peuple n'a donné tant de sang aux « idées ; la pensée humaine vogue à travers le

(1) Paroles du maréchal Canrobert.

« monde sur un fleuve de sang français. » La glo-
rieuse campagne du Dahomey prouve que, malgré
tout, nous sommes encore ce peuple-là... le peuple
de l'épée qui défend la justice et de la croix qui la
fait aimer !

III. — Les Chefs

Aimez le drapeau, jeunes gens, aimez aussi vos
chefs, ces chefs qui sont comme la réserve sainte
de la nation. Au régiment, je vous l'ai rappelé
tout récemment, en une circonstance solennelle,
au régiment sont les braves cœurs et je dis le
mot *braves* à tous les sens du mot. C'est là que
sont les sacrifiés, ceux qui mènent la vie austère, ceux qui acceptent joyeusement la forma-
tion intérieure que le devoir impose à une nature
d'homme et cela sans répit, sans trêve ; pourquoi ?
Parce qu'un jour comme aujourd'hui, leur arrive-
ront de nouveaux fils de la France auxquels ils
devront donner cette empreinte puissante, et que,
s'ils ne l'avaient pas dans l'âme, ils ne pourraient
pas la communiquer. Ils ont passé leur vie, depuis
deux, quatre, dix, trente ans, quarante ans, peut-
être, à se préparer pour la minute bénie où vous
allez apparaître devant eux. Ah ! si vous saviez de
quel respect, mais aussi de quelle foi profonde ils
vous enveloppent ; car eux, surtout les anciens, qui
ne pourront plus aller au grand et joyeux sacrifice,
ceux-là vous regardent comme l'espérance ; vous
êtes la Patrie, vous êtes la France même pour eux.
Allez près de ces nobles cœurs et laissez-vous péné-

trer par tout ce que vous trouverez en eux, maintenez chaudes les communications entre eux et vous. Ne permettez jamais qu'on les critique en votre présence; mais surtout, jeunes gens, gardez-vous bien de lire ces pamphlets.où les ennemis de l'armée se soulagent, avec leur rhétorique déclamatoire et empoisonnée, en insultant ses chefs dont l'intelligence baisse, disent-ils, à mesure qu'ils montent en grade et qui pour des faits isolés, perfidement examinés à la loupe, et reproduits dans la perspective du roman, pour quelques portraits dessinés en caricatures, les enveloppent tous dans une suspicion générale. Et quelle est la classe de la société, même parmi les plus respectables et les plus respectées, qu'on ne puisse arriver à flétrir par de semblables procédés? Mais que leur importe le scandale puisqu'il amène le succès. « Ne font-ils pas de l'or en appauvrissant le pays? » Et ces lettrés se croient des patriotes! Jamais de la vie. — Ce sont **des** *patricides* et avec eux nous irions vite et sûrement à la *débâcle*.....

Il y a aujourd'hui, soit dit en passant, dans le monde littéraire, certains lieux mal famés où nul ne doit entrer, pour peu qu'il se respecte. C'est la sentine du cœur et de l'esprit humain, et ainsi que les poëtes l'ont raconté de l'Averne, il s'exhale de ces bas-fonds une telle odeur de mort qu'aucun être vivant n'en saurait approcher, même eût-il des ailes. . . . .

Je parle de vos chefs avec une émotion mal contenue et dont vous devinez la cause : ils meurent si nombreux, en ce moment, sous les balles des guerriers de Behanzin! Que de bravoure ils montrent et quelle respectueuse affection nos soldats leur témoignent! Comme moi vous avez lu, avec attendrissement, qu'à Dogba, le 14 septembre, le chef de bataillon Faurax, de la légion étrangère, qui commandait l'un des trois carrés formés par nos troupes, tomba mortellement atteint et que ses admirables légionnaires, en voyant leur chef frappé à mort, cessèrent un instant le feu et firent face au dedans du carré, pour présenter les armes au héros blessé, puis se retournèrent vers l'ennemi. N'est-ce pas là une scène grandiose dans sa simplicité et qui rappelle les plus belles pages de nos annales militaires? Ah! vos chefs! aimez-les vraiment et, demain, quand vous les rencontrerez pour la première fois, regardez-les bien en face, les yeux dans les yeux, et dites en vous-même, en les saluant : C'est l'ami, c'est le père qui passe!

Avec de tels sentiments, vous seriez invincibles et à l'exemple des légionnaires de l'intrépide Dodds — que Dieu le garde! — vous iriez aux extrémités de la terre, prêts à tous les sacrifices, pour l'honneur du drapeau, pour la France.

Ceux qu'on affecte d'appeler aujourd'hui les sous-offs ont droit aussi à vos déférences. Croyez bien que les gens qui les outragent auraient fait triste figure dans le ravin de Beni-Mered, où Blandan s'immortalisa, et qu'ils n'étaient pas à Tuyen-Quan, auprès du sergent Bobillot.

IV. — La Discipline

Aimez vos chefs, aimez aussi la discipline et laissez-vous pétrir, en quelque sorte, par elle, jour par jour. A mesure qu'elle vous brisera, vous vous direz : « J'en sors plus homme. » Par un exemple je vais vous montrer la puissance de la discipline.

Examinez la colonne noire qui s'élève mugissante d'une eau en ébullition. Là une force se révèle et l'essor impétueux de cette nuée épaisse recèle le mystère d'une invisible puissance.

Or, laissez cette vapeur prendre cours à sa guise ; qu'elle aille à l'aventure à travers les espaces où toutes les brises l'emportent. Ce qui semblait si fort se détend, se dissipe, s'évanouit, n'est plus rien.

Mais enfermez ce nuage dans une prison de fer ; rendez captive cette fumée flottante et voici que sous son souffle une file immense de chars enchaînés s'élance et fend l'espace avec la rapidité du vent. Qu'est-ce donc que la chaudière ? c'est la discipline de la vapeur.

Vous avez vu cette eau qui s'échappe des flancs de la montagne et qui bondit fougueuse vers la plaine. Manifestement une force est renfermée là. Eh ! bien laissez cette force à elle-même ; que rien ne lui fasse barrière, que nulle digue ne la contraigne ! Elle s'évanouira dans la plus stérile faiblesse ; elle ira se perdre dans les sables, dormir et croupir en marais fétides. A peine la plus légère barque pourra-t-elle flotter sur ses ondes sans profondeur.

Mais rassemblez et resserrez ces eaux vagabondes ;

jetez à droite et à gauche des digues puissantes, et les plus lourds vaisseaux navigueront sur leur cours. Resserrez encore le torrent, il n'est pas de levier que son courant comprimé ne puisse mettre en jeu. Faites encore, s'il se peut, sa prison plus étroite ; il entraînera les rochers, il déracinera les montagnes. D'où lui vient cette force ? De la digue qui se dresse contre lui, de la digue qui contraint et maîtrise ses flots. Qu'est-ce donc que la digue? c'est la discipline du fleuve.

Eh bien ! la discipline militaire est la force d'une armée.

Cinq cent mille hommes suivent un drapeau et s'apprêtent à défendre une frontière. Une raison représente cinq cent mille raisons ; une volonté cinq cent mille volontés, et cette raison, cette volonté s'appellent le général en chef. Cette raison juge, cette volonté ordonne. Jugera-t-on ce jugement? Réformera-t-on cet ordre? — Jamais. — Ici tous les peuples sont unanimes. L'autorité militaire est sans contrôle. L'obéissance militaire est aveugle. C'est le nécessaire, c'est l'indispensable condition de la victoire.

Papirius Cursor était dictateur et commandait les armées romaines. Il tenait la campagne depuis plusieurs jours quand des affaires urgentes le rappelèrent à Rome. Obligé de partir sans délai, il laisse les légions aux mains du maître de la cavalerie et lui défend de franchir ses lignes. Cependant, le moment de vaincre se présente; l'attrait du triomphe séduit le jeune lieutenant. Il fait sortir l'armée, range les légions et culbute les Samnites. Ivre de son succès, il part à la rencontre de son général, impatient des félicitations qu'il en espère. Quelle n'est pas sa surprise quand Papirius le fait saisir, charger de chaînes et conduire garrotté devant son char triomphal ! Je sais que l'enthousiasme du peuple délivra le jeune vainqueur. Mais si la sévérité de Papirius a trouvé des censeurs de son vivant et dans la postérité, son zèle pour la discipline n'a pas manqué non plus dans tous les siècles de mâles et austères admirateurs.

L'exception à cette loi inflexible a été si rare, remarque l'auteur de la brochure intitulée : *La Foi et les Vertus militaires,* qu'on peut n'en point tenir compte et nier qu'elle soit admise. Notre siècle, si fécond en guerres, en connaît deux que la victoire a justifiées : celle de Soult à Austerlitz, et plus récemment, dans cette Italie, dernier champ de nos palmes militaires, l'exploit fameux d'un héros que nous aimions d'abord dans la victoire avant de l'aimer davantage dans le malheur. Mais quand elles ont cette rareté, les exceptions disparaissent, et l'on peut dire que la loi ne les connaît pas.

L'obéissance demeure donc toujours aveugle dans les camps. Mettre la chose en question serait renverser tout et réduire à néant la force des armées. D'où il suit que le soldat doit obéir toujours et quand même, sans savoir où il va, ou ne le sachant que trop... *Obediens usque ad mortem.*

Dans un combat, près de Condé, en 1792, le sergent Rousselet, du régiment de Navarre (5e de ligne), se retirait avec huit jeunes soldats de recrue. Il est attaqué par un escadron de uhlans : « Si je recule, dit-il à ses soldats, tuez-moi. Si l'un de vous recule, je le tue. « Un de ses hommes, se sentant blessé, lui dit : « Sergent, je crois que j'ai la jambe cassée. — Marches-tu encore? — Oui. — Eh bien ! recharge ton fusil. » Rousselet rentra dans Condé, à la vue des uhlans, n'ayant que trois blessés (1). Le chemin de l'obéissance, d'après l'oracle divin, est le plus sûr chemin de la victoire. *Vir obediens loquetur victorias.*

Aussi, je le déclare avec toute l'ardeur de ma conviction, le soldat n'est mûr pour le courage que lorsqu'il est rompu aux héroïsmes de la discipline. Napoléon disait : « Les premières qualités du soldat sont la constance et la discipline; la valeur n'est que la seconde. » Constance et discipline, cela signifie patience, obéissance, abnégation totale, oubli complet de soi-même, et cela impose, par conséquent, une vie rude, austère, laborieuse, une vie si occupée, si assujettie, si noblement captive à tant d'égards. Mais la vigueur morale qu'elle vous communique, la forte trempe qu'elle vous donne, est un préservatif contre cette inertie, cette mollesse qui est le plus grand défaut dans le métier de la guerre et qui fait que l'âme du soldat reçoit sans résistance l'empreinte de toutes les tentations dangereuses, de tous les mauvais conseils, de toutes les défaillances.

.   .   .   .

___

(1) Général Thoumas, *Causeries militaires.*

Vous aurez donc toujours pour vos chefs, pour vos officiers, pour toute la hiérarchie du commandement cette obéissance si nécessaire que rien ne remplace et qui peut remplacer tout; et, dans cette obéissance, vous mettrez, je n'en doute pas, votre foi en Dieu, votre foi religieuse. Que serait l'obéissance aux hommes, fragiles dépositaires d'un pouvoir qui ne fait que passer par leurs mains, si elle n'était une émanation de l'obéissance que l'on doit à Dieu qui seul possède par lui-même l'immuable et éternelle souveraineté, source de tout empire, de tout commandement, de toute discipline.

La foi est la grande école du patriotisme et l'honneur est son fruit, est-il dit au livre de la Sagesse : *Flores mei fructus honoris*. J'en pourrai citer de nombreux exemples pris dans les rangs de cette armée française qui est l'héritière et la continuatrice de notre antique chevalerie. Les caractères y abondent et l'esprit religieux des Bayard, des Turenne, des Kellermann, des Drouot, des Lamoricière, des Renault, des de Sonis, des Chanzy et des Courbet, — pour ne parler que des morts, — y circule toujours.

Drouot, sous la tente du soldat comme dans l'orgueil des palais, se montrait, dit Lacordaire, publiquement chrétien. « Il lisait la Bible, appuyé sur « un canon; il la lisait aux Tuileries dans l'em- « brasure d'une fenêtre. Cette lecture fortifiait son « âme contre les dangers de la guerre et contre « les faiblesses des cours. »

Du respect humain, le *Sage de la Grande-*

Armée ne connaissait ni le nom, ni la chose, et ne rendait ses comptes qu'à sa conscience et à son Dieu. Des moqueurs, il s'en moquait ; des rieurs, il en riait, et le *qu'en dira-t-on*, il le méprisait comme sur les champs de bataille de Lutzen et de Bautzen il méprisait les boulets prussiens qui ricochaient à ses côtés.

Cette page sur Drouot me remet en mémoire les *Souvenirs militaires* d'un jeune abbé, publiés, en 1881, par le baron Ernouf. Ce jeune abbé s'engage comme volontaire et fait deux campagnes, celle de 1794 et celle de 1799 ; il assiste au siège de Gênes ; il tombe deux fois dans les mains de l'ennemi. Il endure ces rudes épreuves avec la résignation d'un chrétien et le courage d'un vieux grenadier.

L'abbé était bon, il était brave et tout le monde l'aimait, au régiment. Mais ne trouvez-vous pas très originale et très sympathique la figure de ce soldat de la République qui porte sur lui, dans les marches et les combats, le *Nouveau Testament*, et qui, après s'être agenouillé devant l'autel d'une église profanée, court échanger des balles avec les kaiserlicks ?

Non, non, la foi n'amollit pas les âmes, elle les fortifie au contraire dans l'amour de la discipline et du devoir. Vous le verrez demain, amis, en vivant côte à côte avec les jeunes séminaristes appelés comme vous sous les drapeaux. Vous n'aurez point, je vous le jure, de meilleurs camarades. Ils aiment Dieu ! c'est tout naturel, puisqu'ils le connaissent ! Mais l'amour divin ne va jamais seul. Par une loi du cœur, autant peut-être que par un précepte d'en haut, qui aime Dieu, aime ses semblables.

Plus une âme aime Dieu, plus elle est grande et belle ; plus elle a de lumière et de chaleur, plus elle a un extrême besoin de se communiquer aux autres âmes et de leur verser largement les eaux vives qui la remplissent.

Bonum est diffusivum sui.

Telle une coupe qui déborde appelle d'autres coupes moins pleines où elle puisse s'épancher.

Allez, mes amis, allez à vos camarades du séminaire, tous hommes de cœur et de bonne compagnie, et ayez pour eux — promettez-moi cela — les sentiments d'estime et d'affection qu'avaient pour le jeune volontaire de 1794, les vétérans de la première République.

La foi, nous l'avons vu, apprend la science du *bien vivre...* elle apprend aussi celle du *bien mourir*.

Ecoutez encore.

Toute l'armée d'Afrique connaissait le général Renaut qui avait reçu le surnom de *Renaut de l'arrière-garde*, parce qu'il soutenait les retraites avec une éclatante bravoure.

Nous l'avions vu souvent au feu, raconte un de ses camarades, le regard perçant, le geste prompt, la parole vive. Le sang qui bouillonnait dans ses veines agitait tout son corps, il semblait ne plus toucher à terre. Sa figure maigre et pâle était éclairée par une flamme intérieure. Le parfum de la poudre l'enivrait, il le respirait avec un visible bonheur.

Pendant le siège de Paris, le général Renaut, sénateur de l'Empire, commandait le 1er corps de la 2e armée.

A la bataille de Champigny un éclat d'obus le renversa. Les frères des écoles chrétiennes le relevèrent et il fut transporté à l'hôpital Lariboisière.

L'aumônier ne tarda pas à venir. En le voyant, le général lui tendit la main et son regard exprima le contentement. Puis, sans attendre une question du prêtre, le blessé dit à haute voix :

« Je crois en Dieu le Père, le Fils et le Saint-Esprit... J'ai confiance dans les prières de ma sœur qui est religieuse à Tours ; oh ! oui, elle prie pour moi. » Le général se tut et promena un long regard autour de lui ! Ses yeux s'arrêtèrent sur une image de la Sainte Vierge : « Oh ! oui, je l'aime et je l'invoque », s'écria le blessé !

La mort était prochaine ; le général, intrépide au feu, brillant aux combats, brave entre les braves, demanda le crucifix qu'il pressa sur ses lèvres pendant l'extrême-onction.

Autour de son lit, les assistants priaient et les religieuses agenouillées tenaient en mains leurs chapelets. Le général interrompit le silence et dit : « Oui, priez pour moi, priez pour la France... Je meurs pour la France. »

Soyez, comme Drouot, comme Renaut, bons soldats, bons chrétiens, unissant et serrant sur vos poitrines le drapeau de la Patrie et le drapeau de la Foi.

Le drapeau de la Patrie, s'il tombe dans la bataille, une voix s'élève, grave et fière, dominant la fusillade, les râles, les cris des blessés : « Au drapeau ! »

Eh bien ! le drapeau de la Foi représente votre Dieu, vos espérances, vos destinées éternelles. Il abrita votre berceau, il contient votre jeunesse, il veillera sur votre âge mûr et recueillera votre dernière pensée..., et si, un jour, il vous semblait menacé par une main coupable, aussi fort que moi, n'est-ce pas ? vous crieriez : « Au drapeau ! » Enfants, entre vous et ces deux drapeaux, que ce soit à la vie, à la mort !

Prenez maintenant, sans peur, le chemin de vos garnisons respectives, emportant dans votre âme toutes les grandes et saintes choses qui élèvent les cœurs et les esprits, la justice et le droit, l'honneur et l'héroïsme, le devoir et le sacrifice, vos croyances et la Patrie française dont le nom résume tout cela ; et, quel que soit le corps où vous ayez l'honneur d'entrer, rappelez-vous le passé de votre pays, le battement généreux qui fit vibrer le cœur de vos aînés, et dites que vous ne démériterez pas, que vous ne laisserez pas dépérir la sève, que vous aimerez la France comme ils l'ont aimée !

Au régiment, vous ne serez pas perdus..., ce sera toujours la vie de famille, sur un plan plus étendu, avec la hiérarchie des grades, les règlements de la discipline et la sanction du Code militaire..., une vie de famille où les chefs tiennent la place des parents et où les camarades sont des frères d'armes. De plus, partout où la Providence vous conduira, vous trouverez des aumôniers volontaires, de dignes prêtres disposés à guider vos pas dans la voie du bien. Confiez-vous à eux en toute simplicité ; aux jours de la tristesse, ils vous consoleront ; aux jours de défaillance, ils vous tendront la main pour éviter la chute ou la réparer. C'est à leur école que vous apprendrez comment on peut être un militaire modèle et un chrétien convaincu, et comment aussi le cœur du prêtre et celui du soldat, se touchant par plus d'un côté, sont bien faits pour se comprendre.

Puis, n'oubliez pas que chaque soir, au foyer paternel, que, chaque dimanche, dans l'église paroissiale, parents, pasteur, amis, — tous unis dans la même foi et les mêmes espérances, avec Dieu et Patrie pour devise, — prieront à votre intention et du meilleur de leur âme :

NOTRE-DAME DES ARMÉES

Le Mans. — Imp. CH. BLANCHET, 6, rue Gambetta. — 342